Christine

Mit Oma auf Safari

Jean Watson
Illustriert von Toni Goffe

Brunnen-Verlag · Basel und Gießen

Anne war schrecklich traurig. Sie war krank gewesen und hatte die ganze Woche das Bett hüten müssen. Und jetzt wollte Mama auch noch ohne sie einkaufen gehen!… Das paßte Anne gar nicht.

Doch ihre Stimmung hob sich etwas, als Oma zur Tür hereinkam und sagte: «Mach dir nichts draus, Anne. Solange Mama fort ist, werden wir beide wieder mal auf eine unserer berühmten Safaris gehen. Einverstanden?»

Anne und ihre Oma waren dicke Freunde. Oma wohnte nur ein paar Häuser weiter, und Anne besuchte sie beinahe jeden Tag. Manchmal tranken sie zusammen Tee, und manchmal gingen sie gemeinsam spazieren. Oma hatte immer Zeit, um Schnecken zu beobachten, Blätter zu sammeln oder unter die herumliegenden Steine zu schauen.

Hin und wieder spielten Oma und Anne auch zusammen. Eines ihrer Lieblingsspiele war: «So tun als ob». Manchmal erzählten sie sich Witze und lachten. Manchmal sprachen sie auch über Gott und darüber, wie es ist, wenn man Angst hat oder traurig ist.

Nachdem Mama gegangen war, fragte Oma: «Nun, wohin soll unsere heutige Reise gehen? Was meinst du, Anne?»

«Nach Afrika!» sagte Anne. Oma und Anne schlüpften in ihre Safari-Ausrüstung. Dann packten sie einige Erdnußbutterbrote in ihren Rucksack und machten sich auf den Weg. Das weite Gelände hinter Annes Haus eignete sich bestens für eine Abenteuerwanderung!

Gleich zu Beginn ihrer Safari gerieten sie in eine sumpfige Gegend. «Psst, Oma, schau mal dort!» sagte Anne leise und zeigte auf etwas, das wie ein langes Stück Holz aussah. Ein Stück Rinde oder so was. Aber Anne und Oma wußten selbstverständlich sofort, daß es das Maul eines gefährlichen Krokodils war.

«Hoffentlich ist es nicht hungrig und will uns packen», flüsterte Anne, während sie auf Zehenspitzen weiterschlichen.

Dann kamen sie in felsiges Gelände.

«Schau mal, dort drüben!» flüsterte Anne. Auf einem der Felsen saß etwas, das wie eine schwarze Katze aussah. Doch Anne und Oma ließen sich nicht täuschen.

«Zum Glück schläft dieser gefährliche Panther gerade», meinte
Anne, als sie vorüberschlichen.

Bald darauf erreichten sie waldiges Gebiet.

«Aha», sagte Anne und zeigte mit dem Stock auf etwas, das wie lange, herabhängende Zweige aussah. Doch Anne und Oma wußten ohne langes Überlegen sofort, daß dies nur Elefantenrüssel sein konnten.

«Sollen wir ein Foto von diesem Dickhäuter machen?» fragte Anne.

«Nein, wir sind zu dicht dran», meinte Oma. «Laß uns lieber weitergehen!»

Sie liefen tiefer in den Wald hinein.

Anne blieb plötzlich stehen und zeigte auf etwas, das wie zwei schlanke, gefleckte Baumstämme aussah. Aber Anne und Oma wußten sogleich, daß dies zwei sehr, sehr lange Hälse waren.

«Meinst du, sie haben uns bemerkt?» fragte Anne.

«Nein, ich glaube nicht», meinte Oma. «Giraffen schlafen im Stehen. Kannst du dir das vorstellen?»

«Nein!» sagte Anne. «Das wäre nichts für mich!»

Danach kamen sie in sandiges Gelände.

«Komm, Wüsten-Oma, laß uns nach einem Schatz graben»,
sagte Anne.

Sie knieten sich auf den Boden und begannen zu graben und zu
buddeln. Anne grub etwas aus, das wie ein Ball aussah. Doch sie
und Oma wußten im selben Augenblick, daß es ein
geheimnisvolles Ei war.

«Vielleicht ist es ja ein Schlangenei», meinte Oma. «Schlangen verstecken ihre Eier manchmal im Sand!»

«Ui, dann vergraben wir das Ei am besten schnell wieder!» sagte Anne. Und das taten sie dann auch.

«Sollen wir mal nachsehen, was hinter dem Hügel dort ist?» fragte Anne.

«Aber ja doch», sagte Oma. Nachdem sie auf den Hügel geklettert waren, entdeckten sie unter sich etwas, das wie der gefleckte Hund des Nachbars aussah.

Anne zeigte auf den Hund und meinte: «Gut, daß dieser Gepard schläft.»

Doch er schlief keineswegs. Er sprang plötzlich auf und jagte knurrend und fauchend hinter etwas her. Da bemerkten Anne und Oma, wo der Panther geblieben war.

Doch die Jagd dauerte nicht lange, denn der Panther war im Nu über den Hügel verschwunden, während der Gepard unten keuchte und nach Luft schnappte.

Einige Zeit später setzten sich Anne und Oma unter einem Baum ins Gras, um ein wenig auszuruhen.

«Die Brote schmecken wirklich gut», schmatzte Anne. Da zeigte Oma auf etwas, das wie zwei Eichhörnchen aussah.

«Affen! Affen! Ihre Schwänze sind wie Seile!» rief Anne, während sie und Oma nach oben schauten.

Anne mußte auf einmal herzhaft gähnen, und Oma meinte: «Wir müssen uns jetzt allmählich auf den Weg nach Bettenhausen machen, meinst du nicht auch, Anne?»

Als Anne im Bett lag, sagte Oma: «Du siehst schon viel besser aus. Erstaunlich, was so ein bißchen frische Luft und etwas Phantasie bewirken!

«Oma, glaubst du wirklich, daß ich Phantasie habe?» fragte Anne.

«Und wie!» nickte Oma und lächelte.

«Da bin ich aber froh», meinte Anne.

«Ich auch», sagte Oma. «Vorstellungskraft und Ideenreichtum gehören zu den schönsten Geschenken Gottes – neben einem kräftigen Körper, der dir hilft, wieder gesund zu werden.»

«Und neben einer Oma, die die beste Freundin der Welt ist», lächelte Anne und drückte Oma einen dicken Kuß auf die Wange. Kurze Zeit später war sie schon eingeschlafen.

Titel der englischen Originalausgabe

"Anne and Gran"

erschienen 1995 bei Scripture Union, London

© Text: Jean Watson 1995

© Illustrationen: Toni Goffe 1995

Übersetzung: Renate Peter

© der deutschen Ausgabe: Brunnen-Verlag Basel 1995

Gedruckt in Singapur

ISBN 3-7655- 6259-9